BEI GRIN MACHT SICH IHR WISSEN BEZAHLT

AF154811

- Wir veröffentlichen Ihre Hausarbeit, Bachelor- und Masterarbeit

- Ihr eigenes eBook und Buch - weltweit in allen wichtigen Shops

- Verdienen Sie an jedem Verkauf

Jetzt bei www.GRIN.com hochladen und kostenlos publizieren

Beweglichkeitstestung, Beweglichkeits- und Koordinationstraining

Franziska Merath

GRIN :)

Bibliografische Information der Deutschen Nationalbibliothek:

Die Deutsche Nationalbibliothek verzeichnet diese Publikation in der Deutschen Nationalbibliografie; detaillierte bibliografische Daten sind im Internet über http://dnb.d-nb.de abrufbar.

ISBN: 9783346890368
Dieses Buch ist auch als E-Book erhältlich.

© GRIN Publishing GmbH
Trappentreustraße 1
80339 München

Druck und Bindung: Books on Demand GmbH, Norderstedt Germany
Gedruckt auf säurefreiem Papier aus verantwortungsvollen Quellen

Das vorliegende Werk wurde sorgfältig erarbeitet. Dennoch übernehmen Autoren und Verlag für die Richtigkeit von Angaben, Hinweisen, Links und Ratschlägen sowie eventuelle Druckfehler keine Haftung.

Das Buch bei GRIN: https://www.grin.com/document/1364659

Deutsche Hochschule für
Prävention und Gesundheitsmanagement
Hermann-Neuberger-Sportschule 3
66123 Saarbrücken

Hausarbeit

Name, Vorname	Merath, Franziska
Studiengang	Fitnessökonomie
Studienmodul	Trainingslehre III
Datum Präsenzphase (siehe Ergebnisdokumentation)	28.02.22 – 02.03.22

Inhaltsverzeichnis

PERSONENDATEN

Zu Beginn wird ein Eingangsgespräch mit der Testperson durchgeführt, um alle wichtigen biometrischen sowie allgemeinen Daten zu sammeln und im Anschluss eine optimale kundenorientierte Trainingsplanung durchführen zu können. Hierbei gilt es den aktuellen Ist-Zustand des Kunden zu ermitteln um danach mit Hilfe der richtigen Trainingssteuerung den Soll-Zustand des Kunden anzustreben (Güllich & Krüger, 2013, S. 453).

1.1 Erfassung der Daten

Die Tabelle 1 zeigt die Erfassung der Daten des Probanden.

Tab. 1: allgemeine und biometrische Personendaten (eigene Darstellung)

Alter	28 Jahre
Geschlecht	männlich
Körpergröße	182 cm
Körpergewicht	90 kg
Trainingsmotive	Mehr Bewegung als Ausgleich zur Arbeit; Fit und beweglich werden für den Alltag
Berufliche Tätigkeit	Bankkaufmann (40 Stunden/Woche, Schreibtischtätigkeit)
Aktuelle/frühere sportliche Aktivitäten	Aktuell: - Zweimal die Woche 45 min lockeres Joggen (Outdoor oder Fitnessstudio, seit 6 Monaten) Früher: - 5 Jahre lang Eishockey in Hobbymannschaft einmal die Woche 60 min Training (bis vor 5 Jahren)
Zeitlicher Verfügungsrahmen	2-3x pro Woche abends maximal 60 min pro Training
Leistungsstufe	Anfänger
Blutdruck systolisch/diastolisch	129/82 mmHg
Ruhepuls	79 S/min
BMI	27,17 kg/m²
Orthopädische oder internistische Probleme	Keine in den letzten 10 Jahren
Einnahme von Medikamenten	Keine in den letzten 5 Jahren
Ärztl. Behandlungen	Keine in den letzten 5 Jahren
Sonstige gesundheitliche Auffälligkeiten	Leichte Verspannungen im Rücken, jedoch keine Notwendigkeit deshalb einen Arzt zu besuchen

1.2 Bewertung der Daten im Hinblick auf die Belastbarkeit und Trainierbarkeit des Probanden

Am Anfang der Anamnese wurde der Blutdruck mit Hilfe eines elektronischen Blut-druckmessgeräts am rechten Oberarm gemessen. Aus dieser Messung resultiert ein sys-tolischer Wert von 138 mmHg sowie ein diastolischer Wert von 87 mmHg. Diese Werte beschreiben einen Blutdruck im normalen Bereich (vgl. Tab.3). Der Ruhepuls liegt mit 79 Schlägen pro Minuten an der oberen Grenze des Normalbereichs (60-80 S/min) nach Güllich und Krüger (2013, S. 77). Je geringer der Ruhepuls innerhalb des Normbereichs ist, desto effizienter ist die Herzarbeit, was möglichst immer angestrebt werden sollte.

Des Weiteren sind auch die Daten der Belastbarkeit und Trainierbarkeit nicht ohne Be-lang. Betrachtet man beispielsweise den Body-Mass-Index (BMI = Körpergewicht in kg/Körpergröße^2) der Person, so liegt diese laut (World Health Organization, 2000) (vgl. Tab.4) mit einem Wert von 27,17 kg/m² im Bereich des Übergewichts. Da die Ver-suchsperson früher kein intensives Krafttraining betrieben hat, lässt sich der hohe BMI nicht auf eine erhöhte Muskelmasse, sondern auf Fettmasse zurückführen.

Ferner gibt es keine Einschränkungen hinsichtlich der Trainierbarkeit, da weder internis-tische, noch orthopädische Beschwerden vorliegen, keinerlei Medikamente eingenom-men werden und der Kunde keiner ärztliche Behandlung unterliegt. Nur auf das subjek-tive Empfinden der Rückenbeschwerden sollte während des Trainings geachtet werden. Diese Verspannungen sind jedoch typisch für die sitzende Tätigkeit und kann durch ein Beweglichkeitstraining optimiert werden. Bei eventueller Verschlechterung der Be-schwerden während des Trainings muss schnellstmöglich ein Arzt aufgesucht werden, um mögliche Schäden zu verhindern.

Tab. 2: Blutdruckklassifikation der American Heart Association (Mancia et al., 2013, S. 1286)

Bewertungsstufen	Systolischer Blutdruck	Diastolischer Blutdruck
Normblutdruck (Normotonie)		
Optimal	< 120 mmHg	< 80 mmHg
Normal	< 130 mmHg	< 85 mmHg
Hochnormal	130-139 mmHg	85-89 mmHg
Bluthochdruck (arterielle Hypertonie)		
Stufe 1	140-159 mmHg	90-99 mmHg
Stufe 2	160-179 mmHg	100-109 mmHg
Stufe 3	> 180 mmHg	> 110 mmHg

Tab. 3: Beurteilung des Body-Mass-Index für Erwachsene (World Health Organization, 2000)

Klasse	BMI (kg/m²)
Untergewicht	< 18,5
Normalgewicht	18,5-24,9
Übergewicht	25,0-29,9
Adipositas Grad 1	30,0-34,9
Adipositas Grad 2	35,0-39,9
Adipositas Grad 3	> 40

2 BEWEGLICHKEITSTESTUNG

2.1 Testauswahl und Durchführung

Bei dem Beweglichkeitstest wird die Gelenkbewegung bis zum maximalen Ausmaß des Gelenkwinkels bestimmt. Normalerweise wird dies durch ein subjektives Schmerzempfinden festgelegt, welches bei jedem Menschen individuell ausgelegt werden kann. Somit ergibt sich keine objektive, sondern lediglich eine semi-objektive Betrachtungsweise. Ein Verfahren, welches sehr zeitaufwändig und anspruchsvoll ist, ist der Muskelfunktionstest nach (Janda) (2000). Mit diesem Verfahren soll die Kraftfähigkeit einzelner Muskelgruppen und die Bewegungsdefizite ermittelt werden. Im Folgenden wird eine vereinfachte Version des Muskelfunktionstests nach Janda (2000) auf die Versuchsperson angewendet um ein Überblick über seine Bewegungsdiagnostik und seine Muskelfunktion zu erhalten. Dazu werden die Muskelgruppen Brustmuskulatur, Hüftbeugemuskulatur, Kniestreckmuskulatur, Kniebeugemuskulatur und Wadenmuskulatur der Reihe nach getestet:

Tab. 4: Beweglichkeitstestung (eigene Darstellung)

Testdurchführung	Richtwerte zur genauen Beurteilung
1. Testung der Brustmuskulatur/M pectoralis major nach Janda (2000, S. 270): Der Proband legt sich mit dem Rücken auf die Behandlungsliege. Eine Beckenfixierung ist elementar wichtig, sodass hier die Beine zur Stabilisierung angewinkelt werden und die Füße die Liege berühren. Der Tester legt seine Hand in diagonaler Richtung auf den Thorax, übt dabei aber keinen Druck aus. Der	Die Testauswertung wird durch folgendes Stufensystem vorgegeben (Janda, 2000, S. 271): Stufe 0: Keine Bewegungsdefizite; Oberarm erreicht die Horizontale; durch leichten Druck des Testers kann Oberarm unter die Horizontale bewegt werden. Stufe 1: leichte Beweglichkeitsdefizite; Oberarm erreicht die Horizontale nicht; durch leichten Druck des Testers

4

zu testende Arm hat im Ellenbogengelenk einen 90° Winkel und wird im Schultergelenk abduziert und außenrotiert. Als Messlinie für die Testung gilt die Horizontale des Oberarmes	kann Oberarm bis zur Horizontalen bewegt werden. Stufe 2: Deutliche Bewegungsdefizite; Oberarm erreicht Horizontale auch durch Druck des Testers nicht.
2.Testung der Hüftbeugemuskulatur/ speziell M. iliopsoas nach (Janda, 2000, S. 258): Der Kunde legt sich mit dem Rücken auf die Behandlungsliege, wobei das Gesäß die Liege abschließt. Seine Beine hängen über den Rand der Liege. Ein Bein wird nun maximal vom Probanden angewinkelt herangezogen, das Andere hängt im Freien. Der Tester misst nun die Beweglichkeit der Hüftflexoren des freien Beines. Als Testareal gilt die Position des Oberschenkels im Verhältnis zur Körperlängsachse. Auch hier ist es wichtig, dass das Becken nicht angehoben wird und keine Hyperlordose in der Lendenwirbelsäule entsteht, da dies das Testergebnis manipulieren könnte. Das Anziehen des angewinkelten Beines stabilisiert das Becken und die Lendenwirbelsäule und sichert so ein aussagekräftiges Ergebnis der Messung.	Die Testauswertung wird durch folgendes Stufensystem vorgegeben (Janda, 2000, S. 271): Stufe 0: Keine Beweglichkeitsdefizite; Oberschenkel erreicht die Horizontale; durch leichten Druck des Testers kann Oberschenkel unter Horizontale bewegt werden. Stufe 1: Leichte Beweglichkeitsdefizite; leichte Hüftbeugestellung; durch leichten Druck des Testers kann Oberschenkel bis zur Horizontalen bewegt werden. Stufe 2: Deutliche Bewegungsdefizite; Oberschenkel erreicht Horizontale auch durch Druck des Testers nicht.
3.Testung der Kniestreckmuskulatur/ speziell M. rectus femoris nach Janda (2000, S. 258): Die Versuchsperson legt sich mit dem Rücken auf die Behandlungsliege, wobei das Gesäß mit der Liege abschließt. Seine Beine hängen über den Rand der Liege hinaus. Ein Bein wird nun maximal vom Probanden angewinkelt herangezogen, das Andere lässt er hängen. Das freie Bein wird durch den Tester in den maximalen Kniebeugewinkel geführt, der hierbei als Messwinkel angewendet wird. Das Anziehen des angewinkelten Beines stabilisiert das Becken und die Lendenwirbelsäule und sorgt dafür, dass das Ergebnis nicht manipuliert wird.	Die Testauswertung wird durch folgendes Stufensystem vorgegeben (Janda, 2000, S. 271): Stufe 0: Keine Beweglichkeitsdefizite; Unterschenkel hängt senkrecht herab; durch leichten Druck des Testers ist es möglich, die Kniebeugung zu vergrößern. Stufe 1: Leichte Beweglichkeitsdefizite; Unterschenkel ist leicht nach vorne gestreckt, durch leichten Druck des Testers ist es möglich, einen 90° Kniebeugewinkel zu erreichen. Stufe 2: Deutliche Bewegungsdefizite; Unterschenkel ist deutlich nach vorne ge-

	streckt, auch durch Druck des Testers wird 90° Kniebeugewinkel nicht erreicht.
4.Testung der Kniebeugemuskulatur/ Mm. Ischiocrurales nach Janda (2000, S. 261): Der Kunde legt sich mit dem Rücken auf die Behandlungsliege und winkelt ein Bein an, sodass der Fuß die Liege berührt. Das andere Bein, welches getestet wird, führt der Tester in eine maximale Hüftflexion. Als Testareal gilt der Winkel zwischen Beinachse und Longitudinalachse (dem Hüftbeugewinkel). Das zu testende Bein muss die ganze Zeit gestreckt bleiben. Um auch hier eine Manipulation des Ergebnisses zu verhindern, darf das Becken nicht angehoben werden.	Die Testauswertung wird durch folgendes Stufensystem vorgegeben (Janda, 2000, S. 271): Stufe 0: Keine Beweglichkeitsdefizite; die Flexion im Hüftgelenk ist im Ausmaß von 90° möglich. Stufe 1: Leichte Beweglichkeitsdefizite; die Flexion im Hüftgelenk ist bis zwischen 80- 90° möglich. Stufe 2: Deutliche Bewegungsdefizite; die Flexion im Hüftgelenk ist nur unter 80° möglich.
5.Testung der Wadenmuskulatur/ Mm. Triceps surae nach Janda (2000, S. 255): Der Proband legt sich mit dem Rücken auf die Behandlungsliege und winkelt ein Bein an, sodass der Fuß die Liege berührt. Das testende Bein liegt gestreckt über dem Ende der Liege hinaus. Mit einer Hand greift der Tester die Ferse des freien Beines, mit der anderen greift er die Fußaußenkante. Der Tester zieht distalwärts an der Ferse und lenkt mit der anderen Hand und dem dazugehörenden Daumen die Fußsohle Richtung Schienbein. Wichtig ist hierbei, dass der Druck vom Daumen vom äußerstes Fußrand kommt und nicht mittig, da sonst das Testergebnis verfälscht wird. Der Zug an der Ferse ist ebenso elementar wichtig für ein korrektes Ergebnis.	Die Testauswertung wird durch folgendes Stufensystem vorgegeben (Janda, 2000, S. 271): Stufe 0: Keine Beweglichkeitsdefizite; eine Dorsalextension ist mindestens bis zur 0°-Stellung möglich (90° zwischen Fuß und Unterschenkel). Stufe 1: Leichte Beweglichkeitsdefizite; die 0°- Stellung wird nicht erreicht; eine Dorsalextension ist aber möglich. Stufe 2: Deutliche Bewegungsdefizite; eine Dorsalextension ist nur bis 10° unterhalb der 0°-Stellung möglich.

In der nun folgenden Tabelle werden die Ergebnisse der Beweglichkeitstestung mit der oben benannten Person dargestellt. Jede der Testungen wurde zweimal ausgeführt, d.h. einmal links- und einmal rechtsseitig.

Tab. 5: Ergebnisse des Beweglichkeitstests (eigene Darstellung)

Testung	links	rechts
Brustmuskulatur	2	2
Hüftbeugemuskulatur	1	1
Kniestreckmuskulatur	1	1
Kniebeugemuskulatur	1	1
Wadenmuskulatur	0	0

2.2 Ergebnisauswertung des Beweglichkeitstests

Betrachtet man die Ergebnisse der Beweglichkeitstestung in Tabelle 4, erkennt man, dass klare Bewegungsdefizite in der Brustmuskulatur des Probanden herrschen, welche auf die berufliche Tätigkeit am Schreibtisch mit meist protraktierten Schultern zurückzuführen ist. Auch die Kniebeuge- und Kniestreckmuskulatur ist leicht betroffen und sollte im Training Beachtung finden. Das Defizit in der Hüftregion ist auf die ständige Hüftflexion im Sitzen bei der Arbeit zurückzuführen und sollte ausgeglichen werden. Der Proband weißt keine Beweglichkeitseinschränkungen in der Wadenmuskulatur auf. Die Tabelle zeigt ebenfalls, dass die Versuchsperson keine eindeutige Seite mit Defiziten besitzt und so sollten beide Seiten einheitlich trainiert werden (Walker, 2014).

Nach den Ergebnissen des Beweglichkeitstests ist unbedingt ein Beweglichkeitstraining anzuordnen, bei dem neben der Hüft-, Bein- und Brustmuskulatur auch die Bewegung der Wirbelsäule im Fokus stehen sollte. Das Beweglichkeitstraining in Form eines Dehntrainings wird im nächsten Punkt erläutert.

3 TRAININGSPLANUNG BEWEGLICHKEITSTRAINING

Im Folgenden wird ein Beweglichkeitstraining für die Versuchsperson zusammengestellt. Inspiration zu den gewählten Übungen kommen von Walker (2014) und (Eifler, 2021).

3.1 Übungen für den Schultergürtel und die oberen Extremitäten

Tab. 6: Übungsauswahl für den Schultergürtel und die oberen Extremitäten (eigene Darstellung)

Übung	Dehnmethode	Primär beanspruchte Muskulatur	Übungsausführung
Rotatoren- Dehnung mit angewinkelten Armen und einem Stock	Passiv- dynamisch	M. pectoralis major, M. subscapularis	Der Oberarm wird mit einem Ellenbogenwinkel von 90° um 90° abduziert und maximal außenrotiert. Der Stock wird so gegriffen, dass er hinter dem Ellenbogen liegt, während die andere Hand den Stock nach vorne zieht und so einen Hebel auf die Schulter erzeugt.
Vorderschulter- und Brustdehnung mit nach hinten gestreckten Armen	Passiv- statisch	M. deltoideus anterior, Mm. pectoralis major et minor	Der Trainierende stellt sich mit dem Rücken an eine Bank und hält sich an der Kante fest. Er geht langsam in die Kniebeuge, sodass der Ellenbogenwinkel kleiner und der Retroversionswinkel im Schultergelenk größer wird.
Brust- und Schultermuskulatur- Dehnung mit seitlich ausgestrecktem Arm	Passiv- statisch	Mm. pectoralis major et minor, M. deltoideus anterior	Der Proband abduziert seinen Arm um 90° und streckt ihn nach hinten. Er hält sich an einem unbeweglichen Gegenstand und rotiert Schultern und Oberkörper vom ausgestreckten Arm weg.
Dehnung des Latissimus mit Arm über dem Kopf	Aktiv- statisch	M. latissimus dorsi	Der Trainierende streckt einen Arm maximal nach oben und geht dann mit der Gegenseite in eine Lateralflexion um die Dehnung zu verstärken

3.2 Übungen für die Wirbelsäule

Tab. 7: Übungsauswahl für die Wirbelsäule (eigene Darstellung)

Übung	Dehnmethode	Primär beanspruchte Muskulatur	Übungsausführung
Rücken- und Nackenmuskulatur- Dehnung in sitzender Haltung	Passiv- statisch	Mm. semispinalis cervicis et thoracis, Mm. longissimus cervicis et thoracis, Mm. iliocostalis cervicis	Der Kunde setzt sich auf eine Matte und streckt die Beine nach vorne aus. Halsmuskeln und Rückenmuskulatur werden entspannt, bis Kopf und Brustkorb nach vorne absinken.

		et thoracis, M. splenius cervicis, Mm. spinalis cervicis et thoracis	Die Hände liegen währenddessen entspannt neben dem Körper.
Bauchmuskulatur-Dehnung in Rückenlage (mit Hilfe eines Gymnastikballs)	Passiv- statisch	Mm. externus et internus intercostalis, Mm. externus et internus obliquus abdominis, M. transversus abdominis, M. rectus abdominis	Der Trainierende legt sich in Rückenlage mit aufliegendem Rücken, Schultern und Gesäß auf einen Gymnastikball und lässt die Arme seitlich herabhängen.

3.3 Übungen für den Beckengürtel und die unteren Extremitäten

Tab. 8: Übungsauswahl für den Beckengürtel und die unteren Extremitäten (eigene Darstellung)

Übung	Dehnmethode	Primär beanspruchte Muskulatur	Übungsausführung
Dehnung des Hüftbeugers im Kniestand	Passiv- dynamisch	M. iliopsoas, M. rectus femoris	Der Trainierende kniet auf dem Boden und stellt das Bein der zu dehnenden Seite mit einem Ausfallschritt auf. Der Oberkörper bleibt hierbei aufrecht. Während er das Becken nun vorschiebt, wird die Belastung auf das kniende Bein verlagert.
Dehnung der Gesäßmuskulatur liegend	Aktiv- statisch	M. glutaeus maximus, M glutaeus medius, M. glutaeus minimus	Der Proband liegt in Rückenlage und stellt ein Bein mit gebeugtem Kniegelenk auf. Das andere Bein wir in der Hüfte nach außen rotiert und mit dem Unterschenkel an der Oberschenkelvorderseite des Stützbeins platziert. Das Stützbein wird nun mit beiden Händen an der Oberschenkelrückseite gegriffen und zum Oberkörper gezogen.
Dehnung mit vorgestelltem Bein, stehend	Passiv- postisometrisch	M. semitendinosus, M. semimembranosus, M. biceps femoris	Die Versuchsperson stellt sich in Schrittstellung auf und beugt das hintere Bein. Das vordere streckt er mit der Fußsohle am Boden (um den m. soleus aus der Dehnung auszulassen). Er beugt sich mit geradem Rücken nach vorne oder nimmt währenddessen ein leichtes Hohlkreuz ein, um die Dehnung zu verstärken.

Wadenmuskulatur-Dehnung auf einem Stepper	Aktiv- sta-tisch	M. soleus	Der Trainierende stellt sich mit dem Standbein auf den Stepper. Der gesamte Körper ist vollständig aufrecht. Der hintere Fuß steht nur mit dem Fußballen auf dem Stepper. Nun wird die Ferse tendenziell nach unten gedrückt, um den Stretch zu erhöhen

3.4 Belastungsgefüge des Beweglichkeitstrainings

Die in den Tabellen 6,7 und 8 dargestellte Dehnprogramm wird als Ganzkörpereinheit 2-3x pro Woche durchgeführt, jedoch wäre eine tägliche Ausführung wünschenswert, um den Bewegungsdefiziten schnellstmöglich entgegen zu wirken. Um den zeitlichen Verfügungsrahmen der Person einzuhalten, wird das Training nicht länger als 60 Minuten dauern.

Die Gesamtdauer des Beweglichkeitstrainings setzt sich zusammen aus den zehn oben beschriebenen Übungen, welche in 3 Sätzen absolviert werden (Walker, 2014, S. 43). Die Dehndauer beträgt bei statischen Dehnübungen 30 Sekunden (Walker, 2014, S. 43) , bei dynamischen Dehnübungen soll ein Dehnungssatz 10 Wiederholungen beinhalten. Eine Wiederholung entspricht dem Halten einer maximalen Dehnposition von 1-2 Sekunden (Walker, 2014, S. 37). Bei der Übung „Dehnung mit vorgestelltem Bein, stehend" ist die postisometrischen Dehnmethode vorgegeben. Das heißt es erfolgt zuerst eine isometrische Kontraktion der Zielmuskulatur von sechs bis zehn Sekunden und danach wird für zwei bis drei Sekunden wieder entspannt. Daraufhin wird die Dehnposition eingenommen und für zehn bis 20 Sekunden gehalten. Dieser Vorgang wiederholt sich bis insgesamt 60 Sekunden vergangen sind.

Die Dehnintensität wird laut Walker (2014, S. 40) so beschrieben, dass das Dehnen nicht wehtun soll, sondern die Bewegung nur bis zu einem Spannungsgefühl ausgeführt werden soll. Beim Dehnen bis an die Schmerzgrenze würde der Dehnungsreflex einsetzen. Dieser ist eine Sicherheitsmaßnahme des Körpers, die durch eine schnelle Kontraktion des gedehnten Muskels versucht, Spannungsschäden zu vermeiden. Da wir diesen Dehnreflex umgehen möchten, sollte die Dehnposition langsam und bis unterhalb der Schmerzgrenze eingenommen werden.

3.5 Begründung der Auswahl des Beweglichkeitstrainings

Der Proband hat, bedingt durch seine Schreibtischtätigkeit, deutliche Bewegungsein-schränkungen in der Brustmuskulatur (Stufe 2). Deshalb wurde hier der Fokus auf der Dehnung von Muskelgruppen, die im Schultergelenk eine Innenrotation bzw. Protraktion hervorrufen, gelegt. Eine besonders große Rolle für die schlechte Haltung dieser Berufs-gruppe spielen hierbei der m. pectoralis major, m. subscapularis und m. latissimus dorsi (Pürzel & Pürzel, 2015).

Die erste Übung des Beweglichkeitstrainings legt das Hauptaugenmerk auf die Innenro-tatoren der Rotatorenmanschette, die nächsten zwei Übungen auf die Brust- und Schul-termuskulatur (v.a. der Vorderen Schulter). Die vierte Bewegungsübung zielt auf den breiten Rückenmuskel ab, welcher ebenfalls für eine Innenrotation des Schultergelenks zuständig ist.

Die folgenden zwei Übungen zielen auf die Beweglichkeit der Wirbelsäule ab. Da die Versuchsperson bei der Arbeit in einer ständigen Flexion der Wirbelsäule positioniert ist und eine Verkürzung der Wirbelsäulenextensoren vorzubeugen gilt, wurde eine Übung zur Dehnung der Bauchmuskulatur gewählt (Pürzel & Pürzel, 2015, S. 109). In der zwei-ten Übung werden die Wirbelsäulenextensoren gedehnt, welche für die milden Nacken- und Rückenbeschwerden verantwortlich sein können.

Da die Person in der gesamten unteren Körperhälfte (außer der Wadenmuskulatur) leichte Bewegungsdefizite aufweist, wurden die folgenden vier Übungen ausgewählt. Diese Mängel in der Bewegungsfähigkeit der Hüft- und Kniegelenke sind wieder der sitzenden Tätigkeit mit ständiger Flexion in den Gelenken zuzuschreiben. Vor allem der M. iliop-soas neigt bei dieser Berufsgruppe zu Bewegungseinschränkungen (Pürzel & Pürzel, 2015, S. 109). Dem zu Folgen werden die Hüftbeuger, die Gesäßmuskulatur und die ge-samte Oberschenkelrückseite ausgiebig gedehnt.

Trotz vollem Bewegungsausmaß in den Waden wird um Schluss auch diese Muskulatur gedehnt, um das Ganzkörpertraining zu vervollständigen. Diese Übung fördert eine hö-here Sprunggelenksmobilität, die auch für den Alltag wichtig ist.

Diese

Das zeitliche Limit des Trainierenden wird mit dem vorgegebenen Plan eingehalten (siehe Tabelle 9). Demnach dauert jede Trainingseinheit insgesamt nur 50 Minuten, was bei 2-3 Einheiten wöchentlich einem zeitlichen Verfügungsrahmen von 2,5 Stunden ent-spricht.

Tab. 9: Zeitlicher Rahmen des Beweglichkeitstrainings (eigene Darstellung)

Übung	Dehndauer	Gesamt	Trainingsdauer
7 statische Übungen ≙ 2 bilaterale Übungen und 5 unilaterale Übungen	je drei Sätzen á 30 Sekunden	ca. 18 Minuten	= 28 Minuten reine Trainingszeit ohne Pausen
2 dynamische Übungen, beide unilateral	mit je drei Sätzen á 10 Wiederholungen und dem Halten der Spannung von je zwei Sekunden	ca. 4 Minuten	
1 postisometirsche Übung, unilateral	drei Sätzen á ca. einer Minute	ca. 6 Minuten	
Satzpausen und Pause zwischen den Übungen	Je 30 Sekunden	ca. 22,5 Minuten	22,5 Minuten
			50 Minuten

4 TRAININGSPLANUNG KOORDINATIONSTRAINING

Nun folgend wird auf den Probanden ein Koordinationstraining im Sinne eines Gleichgewichtstrainings zugeschnitten. Hierfür wurden als Hauptübungen „Beinschwingen mit geschlossenen Augen" sowie „Standwaage auf dem Balance Board mit Kettlebell" gewählt. Zu erster Übung führen drei, zu zweiter Übung fünf „Vorübungen", welche systematisch aufeinander aufbauen und letztendlich mit den beiden Hauptübungen abschließen. Erst wenn der Proband eine Übungsausführung perfekt erfüllt, wird die nächste Schwierigkeitsstufe durchgeführt. Das Training besteht aus 10 Übungen, welche den Tabellen 10 und 11 genauer erläutert werden.

4.1 Übungsauswahl

Als Grundvoraussetzung eines Gleichgewichtstrainings beschreiben Häfelinger und Schuba (2007, S. 64) den kurzen Fuß nach Janda. Zur Modellierung sind folgende Schritte zu beachten. Die Durchführung findet barfuß statt und der Proband nimmt einen stabilen Stand, d.h. schulterbreiter Stand, Wirbelsäule aufgerichtet, Knie leicht gebeut, Körperschwerpunkt ruht zwischen beiden Füßen), ein. Beide Füße werden gleichmäßig belastet auf Ferse, äußeren Fußrand sowie Vorfuß und haben mit Ferse, der Klein- und Großzehenballen und den Zehen Bodenkontakt. Nun spreizt die Versuchsperson leicht die Zehen und zieht das Fußgewölbe nach oben ohne die Zehen dabei zu krallen, wodurch sich der Abstand zwischen Vorfuß und Ferse verkürzt. Dies führt zu einem so genannten „kurzen Fuß" und sorgt für eine Aktivierung der gesamten Streckmuskulatur.

Der kurze Fuß nach Janda gilt für das nachfolgende Training als Ausgangsposition.

Tab. 10: Systematischer Übungsaufbau für Beinschwingen mit geschlossenen Augen (eigene Darstellung)

Reihen-folge	Übung	Ausführungserläuterung
1	Einbeiniges Stehen mit offenen Augen	Die Versuchsperson steh einbeinig auf stabilem Untergrund und hat die Augen geöffnet.
2	Einbeiniges Stehen mit geschlossenen Augen	Nun wird die Übung Nr.1 mit geschlossenen Augen durchgeführt.
3	Beinschwingen mit offen Augen	Das in der Luft befindliche Bein wird nun vor und zurückgeschwungen und der Proband muss versuchen das Gleichgewicht zu halten. Die Augen sind hierbei geöffnet.
4	Beinschwingen mit geschlossenen Augen	Als letztes wird die Übung Nr. 3 mit geschlossenen Augen ausgeführt.

Tab. 11: Systematischer Übungsaufbau für Standwaage mit Kettlebell auf dem Therapiekreisel (eigene Darstellung)

Reihen-folge	Übung	Ausführungserläuterung
1	Standwaage	Die Person steht auf einem Bein, das andere Bein wird nach hinten gestreckt, der Oberkörper neigt sich nach vorne, sodass der Oberkörper mit dem gestreckten Bein eine horizontale Linie bildet. Die Arme hängen parallel zum Standbein herab.
2	Standwaage mit Kettlebell	Nun wird Übung Nr. 1 mit je einem Kettlebell (2 kg) pro Hand ausgeführt.
3	Beidbeiniges Stehen auf dem Therapiekreisel	Der Proband stellt sich mit beiden Beinen auf den Therapiekreisel und versucht das Gleichgewicht zu halten.
4	Einbeiniges Stehen auf dem Therapiekreisel	Folgend wird Übung Nr. 3 mit nur einem Bein durchgeführt.
5	Standwaage auf dem Therapiekreisel	Die erste Übung wird nun mit dem Standbein auf dem Therapiekreisel bewältigt.
6	Standwaage mit Kettlebell auf dem Therapiekreisel	Die letzte Steigerung zu Übung Nr.5 sind wieder die 2 kg Kettlebells in den Händen der Versuchsperson.

4.2 Belastungsgefüge des Koordinationstrainings

In der nachfolgenden Tabelle werden die relativen Belastungsparameter übersichtlich dargestellt.

Tab. 12: Belastungsparameter propriozeptives Training (modifiziert nach Chwilkowski, 2006, S. 61; Häfelinger & Schuba, 2007, S. 61)

Aufwärmen	5-10 Minuten
Gesamttrainingsdauer	10-45 Minuten
Haltedauer bei statischen Übungen	5-60 Sekunden
Wiederholungszahl bei dynamischen Bewegungsabläufen	5-30 Wiederholungen
Sätze/ Serien	Bis zu 5 Sätze/ Serien
Pausendauer	min 45 Sekunden

Das beschriebene Koordinationstraining führt die Versuchsperson immer vor dem Dehntraining aus und auch vor einem eventuellen Kraft- oder Ausdauertraining. Zu diesem Zeitpunkt ist der Körper für koordinative Aufgaben am besten belastbar. Der Proband durchläuft demnach seine zwei Bewegungsreihen ebenso wie das Dehntraining 2-3mal die Woche. Ein Vorteil daran ist, dass weder die benötigten Geräte angeschafft, noch an extra Tagen in das Fitnessstudio gefahren werden muss. Das ganze Koordinationstraining ist darauf abgezielt, die koordinative Fähigkeit Gleichgewicht zu verbessen, welche für viele alltägliche Belastung benötigt wird. Die Dauer des Trainings kann stark schwanken, da die Bewegungsausführungen je nach Tagesform des Probanden früher oder etwas später zur gewünschten Ausführungsqualität führen. Für die ersten Trainings wurde eine Gesamttrainingsdauer von 30 Minuten, eine Wiederholungszahl der dynamischen Bewegungsabläufe von 15 Stück und eine Haltedauer bei statischen Übungen von mindestens 30 Sekunden angesetzt. Die Übungsreihen werden in 3 Sätzen mit einer Pausendauer von 45 Sekunden zwischen jeder Übung und jedem Satz absolviert.

4.3 Begründung der Auswahl des Koordinationstrainings

Die propriozeptive Schulung zielt nach (Häfelinger & Schuba, 2007) vor allem auf eine Verbesserung der Tiefensensibilität, der reflektorischen Muskelaktivität mithilfe von passiven und aktiven Bewegungen, sowie auf die Körperwahrnehmung und die Stabilisierung und Wiederherstellung von physiologischen Gelenkstellungen ab. Dies sind die langfristigen Ziele dieses Trainings.

Auf dem Weg zur Verbesserung der funktionalen Leistungsfähigkeit beschreiben Lowery (2015) und Chwilkowski (2006), dass ständig neue Reize gesetzt werden müssen, um eine Progression im Training zu erlangen. Zuerst wird der Trainierende von einfachen zu komplexen Anforderungen herangeführt, um die stabilisierende Rumpfmuskulatur zu aktivieren und die ersten Erfolgserlebnisse zu schaffen. Dann wird mit geschlossenen Augen trainiert, was vor allem die Raumorientierung und die Tiefensensibilität fördert. Bei der zweiten methodischen Übungsreihe wird eine Verringerung der Unterstützungsbasis und Reduzierung der Kontaktpunkte vorgenommen, welche die Balance erschweren und dadurch die Propriozeption schulen.

Da der Proband einen guten Gesundheitszustand aufweist, musste im Training auf keine gesundheitlichen Defizite Acht gegeben werden. Lediglich die Haltung der Wirbelsäule wurde aktiv korrigiert, um seine angehenden Rückenbeschwerden nicht weiter zu verschlimmern. Die positiven Aspekte dieses Gleichgewichtstrainings werden der Versuchsperson noch sein ganzes Leben bei Alltagsbelastungen hilfreich sein.

5 Literaturrecherche

Im Folgenden hat sich der Verfasser mit zwei wissenschaftlichen Studien zum Thema „Effekte des Dehnens im Hinblick auf eine Verbesserung der sportlichen Leistungsfähigkeit" beschäftigt, welche in der folgenden Tabelle gegenübergestellt werden.

Tab. 13: Literaturrecherche (eigene Darstellung)

	Studie 1	Studie 2
Name der Studie	Veränderung der Reaktionszeit und Explosivkraftentfaltung nach einem passiven Stretchingprogramm und 10minütigem Aufwärmen(Rosenbaum & Henning, 1997).	THE EFFECT OF PROPRIOCEPTIVE NEUROMUSCULAR FACILITATION AND STATIC STRETCH TRAINING ON RUNNING MECHANICS(Caplan, Rogers, Parr & Hayes, 2009).
Autoren	Rosenbaum D. und Henning E.	Nicholas Caplan, Rebecca Rogers, Michael K. Parr und Philip R. Hayes
Forschungsfrage:	Was kann passives Stretching in Hinblick auf die Reaktionszeit und die Explosivkraftentfaltung bewirken?	Kann Dehntraining die Laufmechanik verbessern?
Erscheinungsjahr	1997	2001
Versuchspersonen	55 männliche Sportler Ø-Alter: 25,3 (±4,0) Jahre, Ø-Körpergröße: 181,9 (±5,7) cm, Ø-Gewicht: 747,5 (±78,5) N)	18 Rugby-Liga-Spieler

	Studie 1	Studie 2
Versuchsaufbau	Alle Probanden kamen ohne vorherige körperliche Betätigung ins Labor. Einteilung in drei Gruppen (3 Minuten Dehnen der Waden, 10 Minuten langsames Laufen auf einem Laufband und kein Aufwärmen) Nun wurden neuromuskuläre Eigenschaften der Wadenmuskulatur (mm. triceps surae) gemessen: • Wärmeeffekt am medialen Kopf des m. gastrocnemius (mittels eines Thermometers) • Kraft bei Dorsalflexion, Sprunggelenkmobilität und Reaktionszeit nach einem Signalton • Muskelaktivität des medialen Kopfes des m. gastrocnemius und m. soleus (mittels Elektromyographie (EMG))	Einteilung in 2 Gruppen: propriozeptiv neuromuskuläre Fazilitation (PNF) und statisches Dehntraining (SS). Jede Gruppe trainierte 5 Wochen. Vor- und nach dem Training wurden die Probanden beim Laufen mit 80 % der maximalen Geschwindigkeit gefilmt. Die Videos wurden auf biomechanische Veränderungen in der Hüftbeugung (HF) und Kniestreckung (KE), Schrittlänge (SL), Schrittfrequenz (SR) und Kontaktzeit (tc) analysiert.
Ergebnisse und Schlussfolgerung	Das Lauftraining erhöhte die Temperatur um 1,7°C, das Dehnen führte nicht zu einer Erwärmung. Die maximale Dorsalflexion erhöhte sich signifikant nach beiden Aufwärmformen. In der Laufgruppe verkürzte sich die Reaktionszeit um 6 ms, die Kraftentwicklung stieg um ca. 15 % an und die Muskelaktivitätsmessung ergab eine höhere Aktivität. In der Dehngruppe gab es keine verkürzte Reaktionszeit und die Kraftentwicklung fiel minimal ab. Die EMG-Messung ergab eine verminderte Muskelaktivität. Die Testergebnisse zeigen auf, dass sich die Leistungsfähigkeit im Sinne der Reaktionszeit sowie der Explosivkraftentfaltung nach einem Dehnen verringern, nach einem lockeren Laufen dagegen steigern können.	Verbesserung der HF um 4,9 % bei SS und um 7,6% bei der PNF-Gruppe. Verschlechterung der KE um 1 % bei SS und um 1,6 % bei der PNF-Gruppe Anstieg der SL für SS (7,1 %) und PNF (9,1 %) und eine gleichzeitige Verringerung der SR für SS (1,9 %) und PNF (4,3%). In beiden Gruppen wurden keine Veränderungen des tc-Wertes beobachtet. Fazit: Sowohl das SS- als auch das PNF-Training verbesserten die HF und die Laufmechanik beim Hochgeschwindigkeitslauf. Diese Erkenntnisse deuten darauf hin, dass Dehnungsübungen, die Laufmechanik wirksam verändern.

6 Tabellenverzeichnis

7 Literaturverzeichnis

Caplan, N., Rogers, R., Parr, M. K. & Hayes, P. R. (2009). The effect of proprioceptive neuromuscular facilitation and static stretch training on running mechanics. *Journal of Strength and Conditioning Research, 23*(4), 1175–1180.

Chwilkowski, C. (2006). *Medizinisches Koordinationstraining. "Verbesserung der Haltungs- und Bewegungskoordination durch Propriozeption"* (2. Auflage). Köln: Deutscher Trainer Verlag.

Eifler, C. (2021). *Studienbrief Trainingslehre III (rev.26.042.000).* Deutsche Hochschule für Prävention und Gesundheitsmanagement., Saarbrücken.

Güllich, A. & Krüger, M. (Hrsg.). (2013). *Sport. Das Lehrbuch für das Sportstudium* (Bachelor, 1. Aufl.). Berlin, Heidelberg: Springer Berlin Heidelberg.

Häfelinger, U. & Schuba, V. (2007). *Koordinationstherapie. Propriozeptives Training* (Wo Sport Spaß macht, 3., überarb. Aufl.). Aachen: Meyer & Meyer.

Janda, V. (2000). *Manuelle Muskelfunktionsdiagnostik* (4. Aufl.). München: Urban & Fischer.

Lowery, L. (2015). *Functional Fitness – That's It! Lamars beste Workouts und Trainingspläne* (1. Aufl.). Aachen, Wien: Meyer & Meyer.

Pürzel, A. [Andreas] & Pürzel, A. [Alexander]. (2015). *Funktionelle Anatomie. Meat yourself* (1. Aufl.). Wien: Intelligent Strength.

Rosenbaum, D. & Henning, E. (1997). Veränderung der Reaktionszeit und Explosivkraftentfaltung nach einem passiven Stretchingprogramm und 10minütigem Aufwärmen. *Deutsche Zeitschrift für Sportmedizin, 48*(3), 95–99.

Walker, B. (2014). *Anatomie des Stretchings. Mit der richtigen Dehnung zu mehr Beweglichkeit.* München: Riva.

World Health Organization. (2000). *Obesity - Preventing and Managing the Global Epidemic. Report on a WHO Consultation.* Geneva: World Health Organization.

BEI GRIN MACHT SICH IHR WISSEN BEZAHLT

- Wir veröffentlichen Ihre Hausarbeit, Bachelor- und Masterarbeit

- Ihr eigenes eBook und Buch - weltweit in allen wichtigen Shops

- Verdienen Sie an jedem Verkauf

Jetzt bei www.GRIN.com hochladen und kostenlos publizieren